AF563756

# DISCOURS

PRONONCÉ PAR

M. L'ABBÉ JULES-THÉODOSE LOYSON

Professeur à la Faculté de théologie

*AU MARIAGE*

DE M. GUSTAVE SAIGE ET DE Mlle LÉONIE MORIN

*Saint-Philippe du Roule, 28 Mai 1870*

# DISCOURS

PRONONCÉ PAR

M. L'ABBÉ JULES-THÉODOSE LOYSON

Professeur à la Faculté de théologie

*AU MARIAGE*

DE M. GUSTAVE SAIGE ET DE M^lle^ LÉONIE MORIN

---

*Saint-Philippe du Roule,* 28 *Mai* 1870

---

MONSIEUR, MADAME,



Le pays a déjà reçu, par les mains du magistrat, vos promesses, indissolubles désormais devant la loi comme elles le sont devant vos cœurs. Vous venez demander à l'Église de les entendre à son tour, de les bénir au nom de Dieu, d'être le témoin nécessaire du contrat dont vous vous imposez le joug, et du sacrement que la grâce de Jésus-Christ opère par l'échange de vos serments au pied de ces autels.

Je remercie votre amitié, Monsieur, d'avoir voulu que je fusse le représentant de l'Église dans cette solennité, la plus grande de votre vie. Il y a quelques mois à peine, j'étais pour vous un inconnu. Tout au plus me connaissiez-vous comme je vous connaissais. Dans un temps pareil au nôtre, on rencontre les noms plus que les personnes. J'avais lu le vôtre sur les murs de Bordeaux, à cette place d'honneur que la cité reconnaissante a faite au souvenir de l'un de vos ancêtres, en lui dédiant une de ses rues; je l'avais lu depuis en parcourant ces listes, vrai livre d'or où l'Institut de France inscrit ses lauréats, et où vos premières armes scientifiques vous ont valu de figurer. D'autres travaux devaient nous rapprocher. Pardonnez-moi de le rappeler ici : en m'aidant de vos lumières pour réhabiliter par le témoignage des monuments, et par ce témoignage seul, contre l'esprit de système et contre d'aveugles passions, un des événements les plus considérables de notre histoire nationale et religieuse, je n'ai pu me défendre de vous aimer. J'admirais en vous le culte des gloires de la patrie, un intelligent et courageux souci des doctrines chères à tous les amis judicieux de l'Église, et ce dont, grâce à Dieu, ni la cause de la France, ni celle de l'Église n'ont rien à redouter, cette vertu sans laquelle l'historien n'est pas et l'honnête homme lui-même demeure inachevé, la probité de l'esprit. Et tout cela paré d'une modestie naturelle, trop rare, hélas! aujourd'hui, et qui pourtant sied si bien à la distinction du talent et à celle du cœur.

L'antiquité avait un mot pour désigner cet assemblage exquis; elle l'appelait la *Sagesse*. C'est de là, sans doute, qu'un de vos aïeux a tiré le nom dont vous êtes l'héritier ; et en le produisant sur la scène publique, votre famille, depuis des siècles, n'en a point démérité. Deux dates célèbres attestent la constance de cette tradition. En 1483, aux États Généraux de Tours, qui provoquèrent l'abolition de tant d'abus et qui revêtirent pour la première fois des formes d'assemblée législative, un Saige est député. Un autre Saige, l'oncle de votre grand-père, est député de Bazas aux États Généraux de 1789. Il prête le serment du Jeu de Paume, ce serment fécond d'où la France moderne est sortie. Et peu après, un de vos grands-oncles encore, celui-là même dont Bordeaux a glorifié la mémoire, avocat général au Parlement de cette ville, et trois fois élu maire de la cité, scelle de son sang ce pacte avec la liberté. L'autorité qu'il s'est acquise sur ses concitoyens, il l'emploie à écarter des malheurs, à empêcher des crimes. Il y a des limites au delà desquelles les vrais libéraux ne vont pas. Enveloppé dans la ruine des Girondins, qui sont tous ses amis, dont plusieurs sont ses parents et sous le drapeau desquels il s'est enrôlé, il meurt sur l'échafaud, jusqu'au bout soldat de ses convictions et martyr de la justice.

Ce même esprit de fermeté et de modération, ces vertus qui n'éclatent dans la vie publique que parce qu'elles dominent premièrement la vie privée, je les retrouve en celui qui est heureux de donner à l'alliance que vous contractez en ce moment sa bénédiction paternelle. Ingénieur distingué, il a sillonné la France de ses bienfaits en la couvrant de ces lignes de fer, véritables artères par lesquelles la civilisation fait circuler tous ses produits, aussi bien ceux qui élèvent les âmes que ceux qui développent la richesse. Et cependant, quoique forcément éloigné de son pays, il en a conservé la confiance, et, lorsqu'il le voudra, il le représentera dans les conseils du département, et comme le firent ses ancêtres dans une assemblée plus auguste. Mais il est ici, tout au bonheur que vous lui procurez, et je ne serai assurément démenti ni par lui ni par vos maîtres et vos amis, si capables de vous juger et si sympathiques à votre sort, si j'ajoute que le plus touchant éloge que je puisse faire de lui en cette circonstance, ce n'est ni de rappeler ses travaux ni de parler de la confiance de ses concitoyens, mais uniquement de le remercier du bonheur qu'il a préparé à celle que vous avez choisie.

Vous n'aurez qu'à être fidèle au nom même que vous portez, aux traditions qui y sont résumées. La sagesse est sereine, et c'est déjà beaucoup, car la sérénité est le commencement du bonheur; mais toute seule, elle serait un peu froide. Ce serait un beau ciel sans soleil. Qu'un chaud rayon l'éclaire et l'anime, tout resplendit alors. La triste condition de souffrir et de lutter qui nous est faite ici-bas devient un noble sort; elle se transfigure par un tendre et viril partage. Si l'on n'était pas ambitieux quand on était solitaire, on l'est maintenant pour un autre soi-même; et il n'y a rien de commun entre l'égoïsme et cette ambition-là. Elle ressemble à celle que la conscience impose avec le sentiment de la dignité personnelle; elle a seulement un visage moins austère, une flamme plus douce et plus ardente; elle en est du reste l'auxiliaire légitime et puissant. Mais tout cela, Monsieur, vous le savez mieux que je ne pourrais l'exprimer; vous l'avez appris en aimant; de jour en jour vous l'éprouverez davantage.

Ce qu'il m'appartient de vous dire, quoique vous le sachiez aussi, c'est que tout ce qui est humain est fragile. Ni la sagesse, ni l'amour ne peuvent consolider le bonheur si Dieu est étranger. Mais Dieu n'est étranger qu'à ceux qui ne l'appellent point. Vous êtes chrétien. Votre père n'a pas eu besoin de le redevenir; il l'était dans cette École fameuse où la religion était alors autant en défaveur que la science y était en honneur; il l'est resté depuis. Vous n'avez oublié ni ses exemples ni ses conseils; vous vous en souviendrez encore et toujours, et les anciennes leçons de votre mère ne sortiront pas non plus de votre cœur.

J'aurais à m'excuser, Madame, si en parlant si longuement de notre ami, qui devient votre époux, je n'avais par cela même parlé de vous, de vos sentiments les plus intimes, et des pronostics heureux d'une destinée que nos vœux enrichissent. Cette destinée, il ne sera pas seul à la faire; vous y contribuerez, vous en serez même, à vrai dire, la source principale, et s'il m'est permis d'évoquer dans ce temple la mythologie du moyen âge, vous en serez la fée bienfaisante.

J'avais rêvé pour lui une femme sérieuse de cœur et de pensée, sagement préoccupée des réalités d'ici-bas, mais ayant pour l'idéal des aspirations et des ailes, et de ce monde supérieur où la poésie habite avec la religion; rapportant dans le commerce humain un charme qui n'est pas de la terre et une céleste énergie. Ce n'était point un de ces anges de la Renaissance, génies voltigeants et souriants, plus faits pour enchanter le regard que pour prendre le cœur, pour amollir et distraire que pour rendre l'épreuve moins rude et le lutteur plus robuste. Non, c'était, dans mon rêve, un ange de la Bible, vivant et travaillant à la manière des hommes, mais usant d'une nourriture invisible, marchant d'un pas ferme dans les âpres et douteux sentiers de la vie, y versant la force, la paix, la sécurité, le bonheur, et, pardessus tout, ce qui couronne tout et ne trompe jamais, un reflet de cette immortalité où la gloire est autre chose qu'un vain bruit, et l'amour autre chose qu'une félicité fatalement caduque.

Hélas ! presque toujours les rêves sont des rêves. Et pourtant ici j'ai le mien devant les yeux. Après Dieu, grâce à vous, Madame, il est réalisé. Grâce à vous, mais grâce aussi aux deux sangs réunis dans vos veines.

La couronne d'Angleterre, rendue au front de Charles II, était passée sur celui de Jacques II pour en tomber bientôt. A la suite du prince déchu, de grandes familles émigrèrent sous le coup des événements politiques et religieux, dont leur pays était le théâtre et l'artisan. C'est ainsi que trois branches de la même souche royale, les O'Neil, les Mac-Mahon et les O'Riordan furent transplantées en France. Les malheurs d'autrui nous ont été profitables; notre noblesse s'est accrue de celle-là, et personne n'ignore à quel point, jusqu'aujourd'hui, les plus illustres services ont payé l'hospitalité française. Du côté maternel, vous appartenez, Madame, à cette émigration; vous avez la gloire et la poésie de l'exil, de la fidélité politique et religieuse, de ces clans irlandais dont l'histoire vaut les légendes, et auxquels vos ancêtres donnèrent des chefs héroïques, enfin d'une royauté qui n'en est que plus vénérable pour apparaître dans le lointain des âges.

A cette séve antique s'en est mêlée une autre qui appartient entièrement à la France, et, j'aime à le dire, à la France moderne. Votre père a aimé la science; il a été aimé de la fortune. Aucun de ces deux amours ne s'est tari; mais ni de l'un ni de l'autre il n'a voulu faire une jouissance égoïste. Comme médecin, il soigne les pauvres, il se consacre à eux; et chez lui, le grand propriétaire est l'auxiliaire du médecin des pauvres, l'ennemi de toutes les misères, le bienfaiteur de son pays et, par un naturel retour, le conquérant d'une juste popularité. Ah! que la France serait prospère, qu'elle serait pacifiée dans l'union des intérêts et des sentiments, si partout, comme à Bazas et en Poitou, elle comptait des Saige et des Morin!

Voilà, Monsieur, sur quelles tiges entrelacées vous cueillez cette fleur! Transportée à votre foyer, elle y répandra ses parfums et ses fruits; elle y remplira votre cœur, elle y partagera vos travaux. Sa jeunesse s'est entretenue assidûment avec Bossuet, Pascal, Fleury et tant d'autres, tous maîtres de la langue française, de la saine pensée et du savoir probe. Avec vous, elle ne changera point d'interlocuteurs, car vous aimez les mêmes hommes et les mêmes idées. Vous aimerez désormais les mêmes parents et les mêmes amis, si vous me permettez de nous promettre chez vous une place aussi inaltérable que celle que vous avez chez nous. Enfin, vous aimez, vous aimerez toujours le même Dieu. Il vous a tant aimés qu'il vous a donnés l'un à l'autre; si vous lui êtes fidèles, il ne cessera point de vous aimer; il bénira votre bonheur et celui de vos enfants.

JOUAUST
IMPRIMEUR
RUE St
HONORÉ
338

OCCVPA PORTVM
IOV AVST

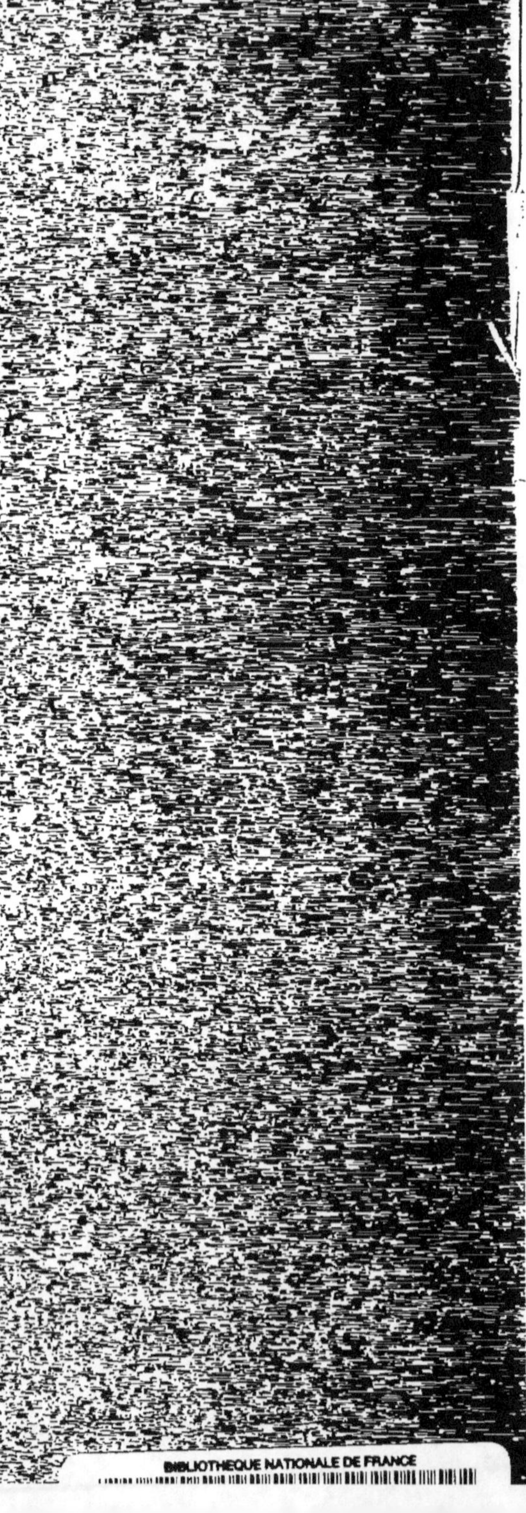

www.ingramcontent.com/pod-product-compliance
Lightning Source LLC
LaVergne TN
LVHW020307230826
846091LV00006B/2569

* 9 7 8 2 0 1 2 3 9 7 7 7 4 *